삼층천의 비밀

이상남 목사 지음

KB206030

도서
출판 **최선의 삶**

삼층천의 비밀

저자 서문

할렐루야!

성경은 우리 인생을 나그네와 행인 같은 존재라고 언급해 주고 있습니다. 과연 우리 인생은 인류 시조 아담하와의 범죄타락으로 에덴동산〈본향〉에서 쫓겨난 이후부터 이 지구라는 여관방에 잠시 머물다 언젠가는 본향 하늘나라로 다시 돌아가야 할 나그네요, 순례자임에 틀림이 없습니다.

따라서 나그네에게 한 평생 가장 그립고 사모되는 곳은 두말할 것도 없이 자기의 본향이라고 하겠습니다. 그러기에 히브리서〈11장〉에 보면 믿음의 조상 아브라함과 이삭과 야곱을 비롯한 모든 믿음의 선진들은 하나같이 자기 자신을 나그네와 외국인으로 자처하고 일생 소망을 영원한 본향 천국에만 두고 살아갔음을 볼 수 있습니다.

부족한 종 역시 믿음의 선진들의 발자취를 그대로 본받고 따라가기 위해서 항상 소망을 이 땅에 두지 않고 영원한 나의 본향 천국에만 소망 두고 한 평생을 살아 왔습니다.

왜냐하면 우리 하나님의 백성들의 궁극적인 최고, 최대, 최후의 소망은 오직 저 천국 밖에 없기 때문입니다. 따라서 불초 종이 지난 세월동안 살아계신 하나님의 말씀인 성경을 깊이 연구해 오던 중 어느날 성령하나님의 감화 감동의 신령한 역사로 주와 동행하는 왕의 복음과 더불어 '삼층천의 비밀'을 깨닫게 해 주셨습니다.

그러나 지난 몇 년간 성령하나님께서 영감을 통해 깨우쳐 주신 '삼층천의 비밀'을 작은 소책자로나마 총정리하고 집필할 시간적 여유를 얻지 못해서 무척 아쉬운 마음으로 계속 하나님께 기도해 오던 중 그 어느 해보다도 폭염과 장마로 점철된 금년 여름이 다가기전 어렵사리 소중한 기회를 얻어 무더위와 힘들게 씨름하면서 드디어 본 소책자를 뒤늦게나마 출간하게 된 것을 성삼위 하나님아버지와 교회와 당회 앞에 중심으로 감사를 드리는 바입니다.

바라기는 본 '삼층천의 비밀'을 통해서 모든 독자들의 진리의 지식과 영적세계의 깊이가 한층 더 넓고, 깊어지기를 바라고 기도할 뿐입니다. 본래부터 글 쓰는 일에 둔재인지라 비록 졸작이기는 하지만 본 책자를 내 사랑하는 예수님 앞에 감사하고 송구한 마음으로 바쳐 드리기를 원합니다.

2009. 8. 28.

한국 강원도 오색 특별 수양관에서

일생 사랑과 은혜에 빚진 종 이상남목사

목차

삼층천의 비밀 ①

본문말씀

"무익하나마 내가 부득불 자랑하노니 주의 환상과 계시를 말하리라 내가 그리스도 안에 있는 한 사람을 아노니 그는 십사 년 전에 셋째 하늘에 이끌려 간 자라(그가 몸 안에 있었는지 몸 밖에 있었는지 나는 모르거니와 하나님은 아시느니라) 내가 이런 사람을 아노니(그가 몸 안에 있었는지 몸 밖에 있었는지 나는 모르거니와 하나님은 아시느니라) 그가 낙원으로 이끌려 가서 말로 표현할 수 없는 말을 들었으니 사람이 가히 이르지 못할 말이로다"(고후 12:1-4절).

서론

오늘의 본문말씀 가운데는 하나님의 종 사도 바울

이 입신을 통해서 올라가본 셋째 하늘이라고 하는 3층천에 대한 신비한 체험의 간증이 나타나 있다〈셋째 하늘 → 하나님이 계신 천국을 의미함〉.

이 말씀을 보면 하나님의 나라 천국은 분명히 세 개의 하늘 즉 3층천으로 구성되어 있다는 사실을 발견할 수가 있다〈느 9:6절, 하늘들의 하늘 → 3층천〉.

1층천→심령천국,
가정천국, 교회천국

오늘날 대부분의 신학자들이나 성경학자들은 천국의 종류를 다섯 가지로 분류해 주고 있다. ① 심령천국 ② 가정천국 ③ 교회천국 ④ 천년왕국 천국 ⑤ 영원한 천국

이상의 다섯 가지 종류의 천국을 본질적〈영적〉인 면에서 종합 분류해 보면 다음과 같은 세 개의 천국, 즉 3층천으로 나누어 볼 수가 있다.

2층천→지상천년왕국천국

① 1층천 → 심령천국, 가정천국, 교회천국

여기에 말한 1층천은 우리들이 살아생전 주님 안에서 현실적으로 이루고 살아가야할 천국을 의미한다〈현재 누리며 살아야할 현실천국〉.

② 2층천 → 지상천년왕국천국

여기에 말한 2층천은 장차 이 땅 위에서 7년 대환난이 다 끝나고 예수님께서 만왕의 왕으로 지상 재림하셔서 이루실 천국을 의미한다〈장차 이 땅 위에서 실현될 미래 천국〉.

③ 3층천 → 하늘나라 영원한 천국

여기에 말한 3층천은 먼 후일 죽은 후에 들어가서 성삼위 하나님과 함께 영원토록 영생복락을 누리며 살아가야할 내세천국을 의미한다〈죽은 후에 들어갈 영원한 본향 천국〉.

오늘날 우리 예수 믿고 구원 받은 성도들은 반드시 이 삼층천의 비밀을 알아야 하고, 또한 삼층천을 한 단계, 한 단계씩 단계적으로 거쳐서 올라가야만 한다. 그러기 위해서는 우리는 성경이 보여주는 3층천의 비밀을 차례대로 깊이 파헤쳐 볼 필요가 있다.

그런 의미에서 오늘 이 시간에는 3층천의 비밀 시리즈 그 첫 번째 시간으로 1층천의 비밀에 대한 말씀을 함께 살펴보면서 피차 큰 은혜를 받고자 한다.

I. 일층천〈심령천국, 가정천국, 교회천국〉 의 비밀

여기에 1층천으로 일컬어지는 "심령천국"이란 하나님의 말씀과 성령하나님의 신령한 은혜와 능력으로 내 자아가 완전히 깨어져서 자신의 혼속에 예수그리스도께서 왕이 된 자의 마음속에 이루어진 천국을 의미한다〈갈 2:20, 벧전 2:9, 눅 17:20–21절 참조〉.

1층천(심령천국)의 연습장은 가정이다

그런데 우리가 이 대목에서 꼭 알고 넘어가야할 중요한 진리가 있다.

1층천(심령천국)의 실습장은 교회이다

〈※〉 성령하나님의 영감을 통한 깨우침 3가지?
① 1층천〈심령천국〉의 연습장은 가정이다.
② 1층천〈심령천국〉의 실습장은 교회이다.

1층천(심령천국)의 대회장은 지상천년왕국이다

③ 1층천〈심령천국〉의 대회장은 지상천년왕국이다.

〈※〉 골프의 3단계 과정
① 동네 연습장〈부부간〉
② 시외 골프 연습장〈친구간〉

③ 특별 골프 대회장〈전 세계 선수들간〉

〈※〉마음천국 → 6일간 가정 연습장 → 7일째 교회
실습장 → 7천 년째 지상천년왕국 때 전세계적 대회
장, 이것이 바로 일층천의 비밀이다.

그렇다면 오늘날 우리들이 살아가는 가정과 섬기고
있는 교회의 문제점은 무엇인가?
그것은 곧 일층천인 심령천국의 연습장이 되어야할
가정에서 천국을 살아가는 연습이 제대로 안되고 있
다는 것이 오늘날 성도들의 영적인 불행이요 가장 큰
문제라고 볼 수 있다.

"성도들이여! 가정에서부터
천국을 연습하며 삽시다!"

한걸음 더 나가서 마땅히 일층천인 심령천국의 실
습장이 되어야할 주님의 몸 된 교회에서 천국을 살아
가는 실습이 제대로 이루어지지 못하고 있다는 사실
이 현대교회의 가장 큰 불행이요 근본적인 문제라고
할 수 있다.

"성도들이여! 교회생활에서
천국을 실습하며 삽시다!"

그러므로 우리는 이상과 같은 맥락에서 볼 때 일층 천인 심령천국에 관해서 가장 먼저 각자 스스로에게 자문 자답해보고 재확인해 보아야할 다음과 같은 세 가지의 중요한 질문이 있다.

1. 현재 내 마음〈혼〉속에 정말로 일층천인 심령 천국이 이루어졌는가?를 자문자답해 보자!

다른 말로 하면 참으로 내 자아가 깨어져서 내 혼 속에 주님만을 왕으로 모시고 성령충만한 주와 동행 하는 삶을 살고 있는가?를 자문자답해 보자〈갈 5:22- 24절 참조〉.

2. 일층천인 심령천국의 연습장이 바로 가정이 라고 한다면 나는 과연 내 가정에서부터 천 국을 살아가는 연습을 성실하게 하고 있는 가?를 자문자답해 보자!

그렇다면 가정에서부터 천국을 연습하며 살아간다 고 하는 것은 구체적으로 무엇을 의미하는가? 그것은 곧 다음의 2가지를 의미한다.

즉 ① 주님을 내 가정의 호주(왕)로 모시고 범사에 감사하고 기뻐하며 살아가는 것을 의미한다〈살전 5:16-18절〉.

② 부부간에, 부모와 자식 간에, 형제와 형제간에, 서로 진심으로 뜨겁게 사랑하며 살아가는 생활을 의미한다〈마 22:37-40, 엡 5:22-25, 28절 참조〉.

3. 일층천인 심령천국의 실습장이 주님의 몸된 교회라고 한다면 나는 과연 교회생활 속에서 천국을 살아가는 실습을 열심히 해 나가고 있는가?를 자문자답해 보자!

그렇다면 교회생활 속에서 천국을 실습하며 살아간다는 것은 구체적으로 무엇을 의미하는가? 우리가 교회생활에서 천국을 실습하며 살아간다고 하는 것은 다음의 2가지를 의미한다.

즉 ① 주님을 교회의 왕으로 모시고 즐겁게 경배와 찬양을 드리며 살아가는 것을 의미한다〈행 2:46-47절〉.

② 목자와 제직, 제직과 제직, 성도와 성도들 간에 피차 뜨겁게 사랑하며 살아가는 생활을 의미한다〈요 13:34-35, 롬 12:10-11절 참조〉.

〈RS〉어린 외아들을 둔 부부가 있었다. 어느 날 약속을 어긴 아들에게 아버지는 말했다. "네가 다시 한 번 약속을 어기면 그때는 추운 다락방에 가두겠다!" 그러나 아들은 또 다시 약속을 여전히 어겼다. 아버지는 그 아들을 즉시 추운 다락방에 가두었다. 그날 밤은 유난히 눈보라가 몰아치고 기온이 뚝 떨어져서 몹시 추웠다.

부부는 내심 불안해서 잠을 못 이루고 뒤척였다. 그러던 중 아내가 먼저 슬그머니 일어나는 것을 지켜보던 남편이 말했다. "여보! 당신도 나도 똑같이 마음은 아프지만 그 애를 지금 당장 다락방에서 내려오게 한다면 그 애는 앞으로 계속 부모와의 약속도 지키지 않을 뿐만 아니라 부모의 어떤 말도 듣지 않게 될 것이요."

그 말을 듣고 어쩔 수 없이 아내가 다시 자리에 눕자, 이번에는 남편이 슬그머니 일어나면서 말했다. "내가 화장실에 잠깐 다녀오리다" 그리고 그 남편은 화장실에 가는체 하면서 얼른 다락방으로 올라갔다. 그 아이는 혹독하게 추운 다락방 딱딱한 바닥에서 이불도 없이 웅크리고 누운 채 잠들어 있었다. 아버지는 그 아들의 옆에 말없이 다가가서 자기 팔로 베개를 해 주고 그 아들을 꼭 끌어안아 주었다.

문득 눈을 뜬 아들의 두 눈에서는 뜨거운 눈물이 하염없이 쏟아지기 시작했다. 결국 나중에는 아들도, 아버지도 함께 얼싸안고 감격의 눈물을 흘렸다. 그날 밤은 어느 날보다 가장 추운 날이었지만 그 아들과 아버지의 마음은 그 어느 날보다 가장 따뜻하고 행복한 밤이었다.

성도 여러분! 우리 하나님아버지의 우리를 향한 사랑은 이 부자지간의 사랑보다 훨씬 더 큰 사랑이라는 사실을 의심 없이 믿으시면 아멘하시기 바란다〈요한일서 4:9-10절 참조〉.

〈찬송가 404장〉
① 그 크신 하나님의 사랑 말로 다 형용 못하네 저 높고 높은 별을 넘어 이 낮고 낮은 땅 위에 죄 범한 영혼 구하려 그 아들 보내사 화목제로 삼으시고 죄 용서하셨네 하나님 크신 사랑은 측량 다 못하며 영원히 변치 않는 사랑 성도여 찬양하세
③ 하늘을 두루마리 삼고 바다를 먹물 삼아도 한없는 하나님의 사랑 다 기록할 수 없겠네 하나님의 크신 사랑 그 어찌 다 쓸까 저 하늘 높이 쌓아도 채우지

못하리 하나님 크신 사랑은 측량 다 못하며 영원히
변치 않는 사랑 성도여 찬양하세

성도 여러분! 바로 이와 같은 아가페적인 절절한 하
나님아버지의 사랑을 깊이 깨달은 자만이 자신의 심
령 속에 일층천의 기쁨을 맛보며 살아가게 될 줄 믿습
니다.

아울러 이와 같은 아버지하나님의 사랑을 올바로
깨달은 자만이 일층천의 연습장인 가정에서 가정천국
을 이루고 살아가게 될 줄 믿습니다.

한 걸음 더 나가서 이와 같은 하늘보다 높고 바다보
다 더 넓은 하나님아버지의 우주적인 사랑을 확실하
게 깨닫고 체험한 자만이 일층천의 실습장인 교회생
활을 통해서 진정한 천국의 기쁨과 행복과 축복을 맛
보며 살아가게 될 줄 믿습니다〈단 12:10절〉.

결 론

사랑하는 성도 여러분!
오늘 이 시간 삼층천의 비밀 시리즈 중 그 첫 번째

일층천에 대한 비밀을 다시 한 번 기억하시기 바란다.

　아울러 우리가 이미 공부한 세 가지 질문 앞에 자신을 세우고 조용히 자문자답해 보시기 바란다.

① 당신의 마음(혼)속에 실제로 심령천국이 이루어졌는지요?

마음에서 이루어지는 심령천국

② 당신은 과연 가정이란 연습장에서 가정천국을 사는 연습을 매일매일 착실하게 해 나가고 있는지요?

가정에서 이루어지는 가정천국

③ 당신은 참으로 교회라고 하는 실습장에서 교회천국을 사는 실습을 성실하게 해 나가고 있는지요?

교회에서 이루어지는 교회천국

　"주여! 나로 하여금 일층천의 비밀을 깨닫게 하옵소서!"

　아멘! 할렐루야!!

삼층천의 비밀 ②

본문말씀

"무익하나마 내가 부득불 자랑하노니 주의 환상과 계시를 말하리라 내가 그리스도 안에 있는 한 사람을 아노니 그는 십사 년 전에 셋째 하늘에 이끌려 간 자라(그가 몸 안에 있었는지 몸 밖에 있었는지 나는 모르거니와 하나님은 아시느니라) 내가 이런 사람을 아노니(그가 몸 안에 있었는지 몸 밖에 있었는지 나는 모르거니와 하나님은 아시느니라) 그가 낙원으로 이끌려 가서 말로 표현할 수 없는 말을 들었으니 사람이 가히 이르지 못할 말이로다"(고후 12:1-4절).

서론

오늘의 본문말씀은 하나님의 종 사도 바울이 영으

로 입신한 상태에서 이끌려 올라가 본 천국 방문에 관한 특별한 말씀이다. 사도 바울은 14년 전에 하나님의 영에 이끌려 셋째 하늘인 천국을 직접 방문해 본 신비한 경험을 간증해 주고 있다.

우리는 이 말씀 속에서 셋째 하늘로 일컬어지는 3층천의 비밀을 찾아볼 수가 있다. 따라서 우리는 3층천을 크게 2가지의 3층천, 즉 ① 공간적으로 본 3층천 ② 본질적으로 본 3층천으로 분류해 볼 수 있다.

과학적 세계에서 본 3층천

1. 공간적으로 본 3층천〈과학적 세계에서 본 3층천〉

① 1층천〈sky〉 → 하늘, 공중〈구름〉

② 2층천〈Firmament, space〉 → 궁창〈해, 달, 별〉

③ 3층천〈Third Heaven〉 → 하늘나라, 천국

바로 이 3층천이 하나님의 종 사도 바울이 입신해서 올라가 본 셋째 하늘 즉 영원한 천국이다.

영적 세계에서 본 3층천

2. 본질적으로 본 3층천〈영적 세계에서 본 3층천〉

① 1층천 → 심령천국, 가정천국, 교회천국

② 2층천 → 지상천년왕국, 천국

③ 3층천 → 하늘나라 영원한 천국

우리가 공부하고 있는 3층천의 비밀은 ① 공간적으로 본 3층천 즉, 과학적 세계에서 본 3층천이 아니고 ② 본질적으로 본 3층천 즉, 영적 세계에서 본 3층천을 전제로 해서 말씀을 계속 풀어나가고 있다.

따라서 지난 시간에는 삼층천의 비밀 시리즈 그 첫 번째 시간으로 1층천에 해당하는 심령천국, 가정천국, 교회천국에 대한 말씀을 공부했다. 중요한 내용을 살펴보면 ① 인간의 영·혼·몸의 3요소 중에서 먼저 내 영 속에 예수님을 구주로 믿고 영접해 드릴 때 거듭나 하나님의 자녀가 될 수 있다. ② 내 영 속에 구주로 들어와 계신 주님을 내 혼(마음)속에 주와 왕으로 모셔드릴 때 내 자아가 깨어지고 비로서 내 혼(마음) 속에 1층천인 심령천국이 이루어진다. ③ 1층천인 심령천국의 연습장은 가정이다. ④ 1층천인 심령천국의 실습장은 교회이다. 단 가정이 없는 사람은 개인생활 속에서 천국을 연습하며 살면 된다.

그러므로 오늘 이 시간에는 일층천의 비밀에 이어서 삼층천의 비밀시리즈 중 그 두 번째 시리즈로 2층천에 대한 비밀을 함께 파헤쳐가면서 피차 새로운 성령의 깨달음과 특별한 은혜를 받고자 한다.

II. 이층천의 비밀〈지상천년왕국천국〉

이층천?→
7년 대환난후 예수님께서
재림하셔서 이루실
지상천년왕국천국

여기에서 말하는 이층천이란 지상천년왕국을 의미해 주고 있다. 따라서 이층천이라고 말할 수 있는 지상천년왕국천국이란 이 땅 위에서 7년 대 환난이 다 끝나고 예수님께서 지상 재림하셔서 천년동안 만왕의 왕으로서 다스리고 통치하시게 될 지상천국을 의미한다〈계 20:1-4절〉.

그렇다면 중요한 문제는 이 땅 위에서 현재 일층천인 심령천국을 이루어 자기 가정에서부터 천국 사는 연습을 부지런히 하고, 또한 교회에 모일 때마다 천국 사는 실습을 성실하게 실행하며 살아왔던 성도들과 이와는 반대로 현실적으로 심령천국을 이루지 못한 채 자기 가정에서 천국 사는 연습도 못하고, 또한 교회에서 천국 사는 실습도 전혀 안 하고 적당히 종교생활만 하면서 살아왔던 신자들이 장차 2층천인 지상천년왕국천국에 들어가서 받아 누리게 될 영적 축복과 영광의 차이는 구체적으로 무엇일까? 하는 것이다.

〈1〉 첫 번째로 생각해 볼 문제는 현재 1층천인 심령천국을 이루어 천국 사는 연습과 실습을 착실하게 제대로 하면서 살았던 성도들에게 하나님께서 베풀어주실 특별 보상과 받아 누릴 특권은 무엇인가? 하는 것부터 살펴보자. 이 질문에 대한 해답을 좀 더 구체적으로 말씀드리자면 2가지로 요약해 볼 수가 있다.

① 이 땅 위에서 신앙생활을 해나가는 동안 하나님의 말씀과 성령의 능력으로 자아가 깨어져서 혼속에 주님을 왕으로 모시고 성령충만한 성화의 삶을 살았던 성도들은 주님께서 공중강림하실 때 부활하거나 휴거해서 신령한 몸을 입고 하늘나라 어린양의 혼인잔치에 예수그리스도의 신부로 참석해서 신랑 되신 주님과 함께 무한한 영광을 누리게 될 것이다〈창 5:24, 히 11:5, 살전 4:16-17, 계 19:7-8절 참조〉.

② 이 땅 위에서 일층천인 심령천국에서 천국 사는 연습과 훈련을 다 마치고 끝까지 영적 싸움에 승리하고 부활하거나 휴거한 성도들은 장차 7년 대 환난이 끝나고 주님께서 지상재림하실 때 그 주님과 함

께 이 땅에 다시 내려와서 천년동안 지상천년왕국
에 들어가서 만왕의 왕이신 우리 주님을 보좌해 드
리는 분봉 왕 노릇하는 축복과 특권을 마음껏 누리
게 될 것이라는 사실을 성경은 분명히 선포해 주고
있다〈마 16:27-28, 마 17:1-3, 살전 3:13, 유
1:14-16, 계 20:6절 참조〉.

〈2〉 두 번째로 생각해 볼 문제는 현실적으로 일층
천인 심령천국을 이루지 못한 채 가정에서 천국 사는
연습도 못하고, 교회에서 천국 사는 실습과 훈련도 전
혀 못하고, 적당히 종교생활만 하며 살아왔던 신자들
이 장차 영적으로 당하게 될 불이익과 고통과 불행이
어떤 것인가?를 살펴보자.

이 질문에 대한 해답을 좀 더 구체적으로 말씀 드리
자면 3가지로 요약해 볼 수 있다.

① 이 땅 위에 사는 동안 주님과 동행하며 천국을 맛
   보고 살아가는 특권을 잃어버림과 동시에 특별히
   예수님께서 공중강림하실 때 공중 휴거의 축복과
   영광에 참여하지 못하게 될 것이다〈마 24:40-42,
   마 25:10-13절〉.

② 마지막 구원을 얻되 거룩한 성 새 예루살렘에 들어
가는 영광스러운 구원을 받지 못하고, 거룩한 성
예루살렘 성 밖에 있는 천국의 변두리 지역에 들어
가는 *부끄러운 구원*이나 받게 될 것이다〈단 12:1-
2, 고전 3:12-15, 히 12:14, 고전 15:41절 참조〉.

③ 앞으로 전 세계적으로 닥쳐올 7년 대 환난의 무서
운 재앙과 심판 속에서 하나님의 특별한 보호를 받
지 못하게 될 것이다〈겔 9:3-6, 계 6:6, 계 9:3-4절
참조〉.

〈※〉 이 시간 마지막으로 이제껏 앞에서 말씀드린 1
층천과 2층천의 비밀을 총 정리해 보면 다음과 같다.
① 영·혼·몸으로 창조된 나의 영속에 예수님을 나의
구주로 믿고 영접할 때 내 영이 거듭나서 하나님의
자녀가 될 수 있다는 것이다〈가장 기본〉.
② 내 영 속에 구주로 들어와 계신 주님을 내 혼 속에
왕으로 모셔드릴 때 내 자아가 깨어지고 내 혼〈마
음〉속에 1층천인 심령천국이 이루어질 수 있다는
것이다.
③ 내 혼〈마음〉속에 이루어진 1층천인 심령천국을 가

①영광스러운 구원→
거룩한 성 새예루살렘에
들어가는 구원

②부끄러운 구원→
거룩한 성 새예루살렘 밖
변두리 지역에 들어가는 구원

정에서 연습하고, 교회에서 실습하며 살아간 자만
이 장차 공중휴거에 동참할 수 있고 2층천인 천년
왕국에 들어가서는 분봉 왕이 될 수 있고, 마지막
천국에 올라가서는 거룩한 성 새 예루살렘에 들어
가서 성삼위하나님과 함께 영원무궁토록 영광을
누리며 살 수 있다는 것이다.

이상에서 말씀 드린 것이 1층천과 2층천에 관한 비
밀이다.

결론

사랑하는 성도 여러분!
오늘 이 시간 다시 한 번 세 가지 근본적인 질문 앞
에 각자 자신을 조용히 세워보시기 바란다.

①마음속에 이루어지는
심령천국

① 지금 내 마음속에 일층천의 심령천국이 이루어
져 있는가?
만일 이것이 이루어지지 않으면 결코 가정 천국은
이룰 수가 없다. 왜냐하면 먼저 심령천국이 이루어진

자만이 가정천국도 이룰 수 있기 때문이다.

② 지금 나는 내 가정에서부터 천국 사는 연습을 올 ②가정은 천국 사는 연습장
바로 해 나가고 있는가?

만일 이것이 올바로 연습되지 않으면 결코 교회천
국은 맛볼 수가 없다. 왜냐하면 먼저 가정천국을 연습
한 자만이 교회천국도 맛볼 수 있기 때문이다.

③ 지금 나는 내 교회 생활에서 천국 사는 실습을 ③교회는 천국 사는 실습장
착실히 시행해 나가고 있는가?

만일 이것이 선행되지 않으면 장차 2층천인 지상천
년왕국천국에 들어가 만왕의 왕 되신 주님과 함께 분
봉 왕 노릇하는 축복과 영광은 영원히 누리지 못하게
될 것이다. 왜냐하면 먼저 교회천국의 실습과 훈련을
잘 마친 자만이 천년왕국에 들어가 만왕의 왕 되신 예
수님을 제대로 보좌해 드리는 분봉 왕이 될 수 있기
때문이다.

이와 같은 맥락에서 볼 때 최종 결론적으로 이제껏
앞에서 공부한 1층천과 2층천의 비밀 중에서 가장 중
요한 기본 핵심이 되는 진리는 각자 내 심령 속에 어

떻게 하면 가장 먼저 1층천인 심령천국이 이루어질 수가 있느냐 하는 것이다〈가장 기본〉. 왜냐하면 3층천의 역사는 결국 1층천의 역사에서부터 시작되기 때문이다.

〈RS〉성령하나님의 영감을 통한 깨우침?

가령 10층 건물 중 가장 중요한 층은 바로 1층이다.

그러므로 부족한 종이 바라기는 이 말씀을 공부하는 여러분 모두의 심령 속에 가장 먼저 1층천인 심령천국, 가정천국, 교회천국이 하루 속히 다 이루어질 수 있기를 주님의 이름으로 축원합니다.

"주여! 나로 하여금 1층천과 2층천의 비밀을 깨닫게 하옵소서!"

아멘! 할렐루야!!

삼층천의 비밀 ③

본문말씀

"무익하나마 내가 부득불 자랑하노니 주의 환상과 계시를 말하리라 내가 그리스도 안에 있는 한 사람을 아노니 그는 십사 년 전에 셋째 하늘에 이끌려 간 자라(그가 몸 안에 있었는지 몸 밖에 있었는지 나는 모르거니와 하나님은 아시느니라) 내가 이런 사람을 아노니(그가 몸 안에 있었는지 몸 밖에 있었는지 나는 모르거니와 하나님은 아시느니라) 그가 낙원으로 이끌려 가서 말로 표현할 수 없는 말을 들었으니 사람이 가히 이르지 못할 말이로다"(고후 12:1-4절).

서론

오늘의 본문말씀은 하나님의 종 사도 바울이 입신

상태에서 직접 그 영으로 이끌려 올라가본 셋째 하늘
인 삼층 천국에 관한 말씀이다.

우리는 이미 두 차례에 걸쳐서 영적〈본질적〉세계
에서 본 삼층천의 비밀에 관한 말씀을 연속시리즈로
계속 공부해 왔다.

〈※〉영적〈본질적〉세계에서 본 삼층천

① 1층천 → 심령천국, 가정천국, 교회천국〈현실천
국〉

② 2층천 → 지상천년왕국〈장래천국〉

③ 3층천 → 하늘나라 영원한 천국〈내세천국〉

따라서 이미 앞에서 공부한 1층천의 비밀과 2층천
의 비밀의 핵심내용을 다시 한 번 요약해 보면,

① 첫 번째로 말씀 드린 1층천의 비밀의 핵심내용은
먼저 예수님을 내 영 속에 구주로 영접해 드림으로
거듭난 하나님의 자녀들은 하나님의 말씀과 성령
의 능력으로 자아가 깨어져 내 혼〈마음〉속에 주님
을 왕으로 모셔 드릴 때 비로서 1층천이라고 할 수
있는 심령천국이 내 마음속에 이루어진다는 사실
을 공부했다.

아울러 1층천인 심령천국이 이루어진 자는 반드시 매일의 가정생활과 일상생활 속에서 천국을 연습하며 살아야하고 또한 교회생활에서 천국을 훈련하고 실습하고 살아가야 장차 2층천인 지상천년왕국에 들어가 올바로 영광을 누릴 수 있다는 사실을 공부했다.

② 두 번째로 말씀드린 2층천의 비밀의 핵심내용은 이미 내 혼〈마음〉속에 이루어진 1층천인 심령천국을 가정에서 연습하고, 교회에서 실습하며 살아간 자만이 장차 어린양의 혼인잔치에 동참할 수가 있고, 2층천인 천년왕국에 들어가서는 만왕의 왕 되신 예수님을 보좌하는 분봉 왕이 될 수 있고, 마지막 영원한 본향 천국에 올라가서는 거룩한 성 새 예루살렘에 들어가서 성삼위하나님과 함께 영원무궁토록 영광을 누리며 살 수 있다는 사실을 공부했다.

그러므로 오늘 이 시간에는 삼층천의 비밀시리즈 중 그 세 번째 시리즈로 3층천에 대한 비밀을 함께 파헤쳐가면서 새로운 깨달음과 특별한 은혜를 받고자 한다.

Ⅲ. 삼층천의 비밀〈하늘나라 영원한 천국〉

오늘의 본문말씀에 셋째 하늘로 표현된 "하늘나라 영원한 천국"이란 창세 이후부터 예수님 지상 재림 하실 때까지 전 세계에서 구원 받은 모든 하나님의 백성들이 들어가서 영원무궁토록 영생을 누리며 살아갈 하늘나라 영원한 본향 천국을 의미한다〈히 11:13-16절〉.

그러므로 오늘 이 시간에는 삼층천에 대한 비밀을 2가지 내용으로 나누어 살펴보고자 한다.

1. 삼층천으로 불리는 천국은 실제로 이 우주 안에 현존하는 실존의 세계인가?를 파헤쳐 보자!

천국은 우주 안에 현존하는 실존의 세계

우리가 삼층천이라고 일컬어지는 영원한 천국에 대해서 올바로 알기 위해서는 먼저 천국은 실제로 이 우주 안에 현존하는 실존의 세계인가? 하는 것부터 정확하게 알아야 한다.

이제껏 우리는 대부분 막연하게 천국은 어떤 신비한 영계를 의미하는 것으로만 잘못 이해해 왔던 것이 사실이다.

우리가 성경을 보면 분명히 영원한 천국은 실제로
이 우주 안에 존재하는 실존의 세계요, 거대한 하나의
행성〈Planet〉임을 알 수 있다. 따라서 천국은 하나의
막연한 추상적인 영계가 아니다. 그렇다고 육계나 단
순한 물질계도 아니다. 그렇다면 도대체 천국은 과연
어떤 세계일까요?

천국은 영계도, 육계도, 물질계도 아닌 모든 것을
초월해서 존재하는 "특별한 신비의 세계"라고 밖에는
인간의 제한된 언어로 더 이상 잘 표현할 방법이 없다
〈고후 12:1-4절 참조〉.

〈※〉 낙원과 천국, 음부와 지옥에 대한 올바른 견
해?〈죽은 후 내세문제〉
〈눅 16:22-26, 벧전 3:18-19, 눅 23:42-43, 고후
12:2-4절〉

우리가 이 대목에서 한 가지 분명히 알아야할 사실
은 삼층천이라고 일컬어지는 영원한 천국에 대해서
성경이 확실하게 가르쳐주고 있는 진리는 천국은 누

가 뭐라고 부인해도 그곳이 곧 실존하는 실제의 장소라고 하는 사실이다.

그렇다면 천국이 실존하는 실제의 장소라는 사실을 무엇으로 입증할 수가 있는가?

① 우리는 천국이 실존하는 장소라는 사실을 먼저 예수님의 약속의 말씀과 산 증거의 말씀 속에서 찾아볼 수가 있다〈요 14:1-3절〉.

예수님의 이 말씀 가운데 "거할 곳"이란 헬라원어에 '모나이'〈μοναì〉란 말로서 그 뜻은 "인생살이에 지친 사람들에게 제공하는 영원한 안식처"를 의미한 말이다〈영어로는 Many mansions〉.

또한 여기에 '처소'란 말 역시 실제적인 장소를 의미해 준 말이다〈Dwelling place, a place〉.

② 그 다음으로 우리는 하나님의 종 사도 요한의 증거와 간증의 말씀을 통해서도 천국의 실존을 찾아볼 수가 있다〈계 21장, 22장〉.

사도 요한은 계시록 21장과 22장 전반에 걸쳐 자신이 직접 들어가 본 천국을 상세히 소개해 주고 있다. 따라서 사도 요한이 영의 눈으로 생생하게 보고 나서 증거한 12진주문, 황금보석성, 유리 같이 맑은 정금 길, 수정 같이 맑은 생명 강수, 12가지 실과를 맺는 생명나무 등을 보아도 천국은 분명히 실존하는 장소인 것이 분명하다.

③ 그런가하면 구약성경에 등장하는 엘리야와 에녹이 산채로 승천한 사실만 보아도, 또한 예수님께서 부활체를 입으시고 산채로 승천한 사실만 보아도 천국이 실제의 장소라는 사실이 충분히 입증되고도 남음이 있다. 이외에도 수많은 천국 입신 자들의 간증을 통해서도 성경이 말하고 있는 천국은 이 우주 안에 실존하는 장소라는 사실을 충분히 입증하고 재확인할 수가 있다.

그러므로 우리 종말시대 성도들은 멀지 않은 장래에 불타 없어질 이 땅에 소망두지 말고, 우리의 영원한 본향 천국에 횃불 같은 소망을 두고 살아가야 하겠다〈골 3:1-2, 고전 13:13절〉.

2. 삼층천으로 불리는 천국의 실제적인 현 주소와 위치는 과연 어디인가?를 파헤쳐 보자!

과연 삼층천으로 불리는 천국은 하나님께서 창조하신 이 우주 안에 현재 어디에 위치하고 있는가? 또한 우리 모두가 그토록 사모하고 가보고 싶어 하는 우리의 영원한 본향천국은 과연 어디에 실존하고 있는가? 하는 것은 우리 모든 성도들의 가장 크고 깊은 비상한 관심사가 아닐 수 없다. 그렇다면 먼저 우리는 살아계신 하나님의 말씀인 성경 가운데서 천국에 관한 깊은 비밀과 그 확실한 근거를 파헤쳐보아야 하겠다.

성경에 등장하는 인물 중에 지금으로부터 약3천여 년 전에 살았던 성도 욥은 욥기26:7절에 "하나님께서 북편하늘〈천국〉을 허공에 펴시고, 땅〈지구〉을 공간에 매달아 놓으셨다."라고 말씀해 줌으로서, 인류역사 이래 최초로 우리 인간들이 살고 있는 이 지구는 우주공간에 매달려 있음을 말해줌과 동시에, 하늘나라〈천국〉는 구체적으로 지구의 북쪽 우주공간 깊숙한 곳에 실제적인 장소로 존재하고 있다는 사실을 선포해 주고 있다〈욥 26:7-9절 참조〉.

따라서 실제 역사 속에 인물인 성도 욥을 통해서 욥기26:7절에 증거해 놓은 "북편하늘을 허공에 펴셨다"

천국은 지구의 북쪽
우주공간 깊숙한 곳에
실존하는 장소

는 말씀 중에 '허공'이란 별이 전혀 없는 어두운 공간을 말한다. 실제로 북편하늘에는 별이 없기 때문에 천국에 입신해 본 자들이 하나 같이 어두운 공간을 지나서 천국에 들어갔다가 다시 돌아왔다고 하는 수많은 간증보고를 들어볼 수가 있다.

그 뿐만 아니라 죽은 사람의 영혼이 천국에 들어갈 때 반드시 어두운 공간을 통과해야만 했다고 간증한 증언을 들어볼 때 한 가지 분명한 사실은 곧 천국을 들어가는 고정적인 통로가 북편 우주공간에 확실하게 뚫려 있다는 사실을 충분히 입증해 주고 있다.

<※> 사탄의 왕국의 위치
<엡 2:2, 창 1:6-8, 계 12:7-9절>

아울러 현재 우주 과학자들도 우주 북쪽 공간에는 별이 없는 어두운 공간이 있다는 사실을 분명히 포착했다고 발표한 바 있다. 그러므로 그 동안 수많은 천국의 방문자들이 우주 북쪽에 있는 태양계를 지나 올라가서 캄캄한 사탄의 왕국을 통과해서 우주 북쪽 공간 가장 높은 곳에 자리 잡고 있는 하늘나라 천국에 들어갈 수 있었다는 생생한 산 체험의 간증들은 곧 성

경에 나타난 천국의 현 위치에 대한 사실을 충분히 입
증해 주고도 남음이 있다〈욥 37:22, 시 48:1-2, 사
14:12-15절〉.

성도 여러분! 정말로 천국과 지옥은 확실하게 실존
하고 있다는 사실을 의심 없이 믿고 확신하시기를 바
란다.

〈찬송가 226장〉
① 저 건너편 강 언덕에 아름다운 낙원 있네. 믿는 이
  만 그곳으로 가겠네. 저 황금 문 들어가서 주님 함
  께 살리로다. 너와 날 위해 황금 종 울린다.

결론

사랑하는 성도 여러분!
오늘 이 시간 삼층천에 관한 2가지 비밀을 다시 한
번 기억하시고 확신하시기 바란다.

① 삼층천으로 불리는 천국은 하나님께서 창조하신

우주 안에 실제로 현존하는 실존의 세계라는 사실을 의심 없이 믿고 확신하시기를 바란다.

② 삼층천으로 불리는 천국의 실제적인 현 주소와 위치는 지구의 북쪽 우주공간 가장 깊숙한 곳에 실존하고 있다는 사실을 의심 없이 믿고 확신하시기를 바란다.

성도 여러분!
정말 천국은 있습니다. 그리고 정말 지옥도 있습니다.

천국은 정말 있습니다

천국의 영광이 영원한 것처럼 지옥의 고통도 영원하다는 사실을 깨닫자.

지옥도 정말 있습니다

"주여! 나로 하여금 삼층천의 비밀을 깨달아 알게 하옵소서!"

아멘! 할렐루야!

삼층천의 비밀 ④

본문말씀

"무익하나마 내가 부득불 자랑하노니 주의 환상과 계시를 말하리라 내가 그리스도 안에 있는 한 사람을 아노니 그는 십사 년 전에 셋째 하늘에 이끌려 간 자라(그가 몸 안에 있었는지 몸 밖에 있었는지 나는 모르거니와 하나님은 아시느니라) 내가 이런 사람을 아노니(그가 몸 안에 있었는지 몸 밖에 있었는지 나는 모르거니와 하나님은 아시느니라) 그가 낙원으로 이끌려 가서 말로 표현할 수 없는 말을 들었으니 사람이 가히 이르지 못할 말이로다"(고후 12:1-4절).

서론

오늘의 본문말씀은 하나님의 종 사도 바울이 입신

상태에서 직접 그 영으로 이끌려 올라가 본 셋째 하늘인 삼층 천국에 관한 말씀이다.

우리는 이미 앞에서 영적 세계에서 본 삼층천의 비밀에 관한 말씀을 연속시리즈로 계속 공부해 왔다.

오늘 이 시간에는 먼저 이미 앞에서 공부한 1층천의 비밀과 2층천의 비밀, 그리고 3층천의 비밀의 핵심내용을 다시 한 번 요약해 드리겠다.

① 1층천의 비밀

① 첫 번째로 말씀 드린 1층천의 비밀의 핵심내용은 먼저 예수님을 내 영 속에 구주로 영접해 드림으로 거듭난 하나님의 자녀들은 하나님의 말씀과 성령의 능력으로 자아가 깨어져 내 혼〈마음〉속에 주님을 왕으로 모셔 드릴 때 비로서 1층천이라고 할 수 있는 심령천국이 내 마음 속에 이루어진다는 사실을 공부했다.

아울러 1층천인 심령천국이 이루어진 자는 무엇보다 매일의 가정생활과 일상생활 속에서 천국을 연습하며 살아야 하고, 또한 교회생활에서 천국을 훈련하고 실습하고 살아가야만 장차 2층천인 지상천년왕국에 들어가서 올바로 영광을 누릴 수 있다는 사실을 공부했다.

② 두 번째로 말씀 드린 2층천의 비밀의 핵심내용은 ② 2층천의 비밀
이미 내 혼〈마음〉속에 이루어진 1층천인 심령천국
을 가정에서 연습하고, 교회에서 실습하며 살아간
자만이 장차 어린양의 혼인잔치에 동참할 수가 있
고, 2층천인 천년왕국에 들어가서는 만왕의 왕 되
신 예수님을 보좌하는 분봉 왕이 될 수 있고, 마지
막 영원한 본향 천국에 올라가서는 거룩한 성 새
예루살렘에 들어가서 성삼위하나님과 함께 영원무
궁토록 영광을 누리며 살아갈 수 있다는 사실을 공
부했다.

③ 세 번째로 말씀 드린 3층천의 비밀의 핵심내용은 3 ③ 3층천의 비밀
층천으로 불리는 우리의 영원한 본향 천국은 하나
님께서 친히 창조하신 이 우주 안에 현존하는 실존
의 세계라는 사실과 아울러 3층천으로 불리는 영원
한 천국의 현 주소와 위치는 우리가 살고 있는 지
구의 북쪽 우주공간 가장 깊숙한 곳에 실제적인 장
소로 존재하고 있다는 사실을 공부했다.

그러므로 오늘 이 시간에는 삼층천의 비밀시리즈 중 그 네 번째 시리즈로 3층천의 비밀에 관한 나머지 영적 진리의 말씀을 함께 파헤쳐가면서 피차 새로운 깨달음과 은혜를 받고자 한다.

I. 삼층천의 영적비밀에 관한 종합정리

우리가 이미 몇 차례에 걸쳐서 공부해 온 삼층천에 관한 영적비밀의 세계를 종합해서 총 정리해 보면 다음과 같이 요약해 볼 수 있다.

1. 일층천은 심령천국

1. 일층천은 심령천국을 말하는 것으로 이는 현재 이 땅 위에 사는 동안 성도의 마음속에서 이루어지는 천국을 의미한다.

따라서 심령천국은 사실상 성령하나님께서 왕으로 통치하시는 나라라고 할 수 있다. 왜냐하면 하나님의 말씀과 성령의 능력으로 내 자아가 깨어지고 주님께서 내 혼 속에 왕으로 들어오실 때 그때 주님께서는 보이지 아니하시는 성령으로 내 혼 속에 왕으로 들어오셔서 나를 통치하시고 나를 인도하시고 나를 양육

해 주시기 때문이다〈요 14:23, 롬 8:9,16, 고전 3:16
절〉.

　〈※〉 일층천인 심령천국의 왕 → 성령하나님

2. 이층천은 지상천년왕국을 말하는 것으로 이
　　는 장차 이 땅 위에서 천년동안 이루어질 천
　　국을 의미한다.

2. 이층천은 지상천년왕국

　따라서 지상천년왕국천국은 예수님께서 만왕의 왕
으로 통치하시고 다스리시고 지배하실 나라를 의미한
다〈계 19:11-16절〉.

　〈※〉 이층천인 지상천년왕국의 왕 → 성자 예수님

3. 삼층천은 하늘나라 영원한 본향천국을 말하
　　는 것으로 이는 먼 후일 하늘나라에서 이루
　　어질 새 하늘과 새 땅을 의미한다.

3. 삼층천은 하늘나라
영원한 본향천국

　따라서 하늘나라 영원한 천국은 우주의 대왕이 되
시는 하나님께서 친히 영원한 왕중왕이 되셔서 영원
무궁토록 통치하시고 다스리실 영원한 나라를 의미한
다〈고전 15:24-25, 딤전 6:15-16절〉.

　　〈※〉 삼층천인 영원한 본향천국의 왕
　　　　　　　→ 성부 하나님

II. 성삼위하나님의 인류 속죄 구원의 완성을 위한 릴레이식 합동작전

성경을 보면 태초에 인간창조의 역사는 성삼위하나님의 합동역사로 이루어진 것을 볼 수 있다〈창 1:26-27절〉.

이와 마찬가지로 범죄 타락한 인간을 죄와 사망에서 구원하는 속죄구원의 위대한 역사 역시 성삼위하나님의 릴레이식 합동작전을 통해 성취되었다는 사실을 발견할 수가 있다.

1. 성부하나님
→ 예정과 섭리

1. 성부하나님은 창세전부터 범죄 타락한 인류의 속죄구원을 예정하시고 섭리하셨다.
〈성부하나님 → 예정과 섭리〉

2. 성자예수님
→ 실현과 성취

2. 성자예수님은 하나님아버지의 인류 속죄구원의 예정과 섭리를 인간 역사 속에 사람의 몸을 입고 오셔서 실현하시고 성취하셨다.
〈성자예수님 → 실현과 성취〉

3. 성령보혜사는 예수님께서 2천 년 전에 이 세상에 오셔서 실현하시고 성취하신 구원의 복음을 누구나 믿고 구원 받아 하나님의 자

녀가 되도록 감화 감동하시고 지금도 계속 역사하고 계신다.

〈성령보혜사 → 감화 감동과 역사〉

3. 성령보혜사
→감화 감동과 역사

그러므로 범죄 타락한 전 인류의 속죄구원의 역사는 성부하나님으로부터 시작되어, 그 바톤이 성자 예수님께로 넘겨졌고, 또한 성자예수님에 의해 성취된 속죄구원의 사역의 바톤이 최종적으로 성령보혜사께로 넘겨짐으로 말미암아 결국 성부, 성자, 성령 곧 성삼위하나님의 절묘한 릴레이식 합동작전을 통해서 죄와 사망에 빠진 전 인류의 위대한 속죄구원의 역사가 비로서 완성될 수가 있었다는 사실을 올바로 깨달아야 하겠다〈엡 1:3-6, 엡 1:13-14절〉.

III. 성삼위하나님의 영원한 천국건설 완성을 위한 릴레이식 합동작전

성경을 보면 영원한 내세 천국건설은 하루아침에 이루어지는 것이 아니라 성부, 성자, 성령이신 성삼위하나님의 긴밀한 합동작전을 통해서 일층천, 이층천,

삼층천을 단계적으로 완성해 나가고 계신다는 놀라운 사실을 발견할 수가 있다.

1. 심령천국의 왕
→ 성령하나님

1. 첫 번째 단계로 성령하나님은 믿고 구원 받은 자의 마음〈혼〉속에 왕으로 들어오셔서 1층천인 심령천국을 이루게 하신다.

그리하여 이 땅 위에서 구원 받은 성도들로 하여금 가정생활, 교회생활을 통해서 일층천을 사는 연습과 훈련을 받게 하심으로 장차 이층천인 천년왕국에 들어가서 예수님을 만왕의 왕으로 모시고 살아갈 수 있는 영적준비를 미리 갖추게 하신다.

2. 지상천년왕국의 왕
→ 성자 예수님

2. 두 번째 단계로 재림 주 예수님은 장차 만왕의 왕으로 오셔서 2층천인 지상천년왕국을 이루실 것이다.

그리하여 지상천년왕국에 들어간 성도들로 하여금 예수님을 만왕의 왕으로 모시고 이층천을 사는 훈련과 실습을 통해서 마지막 삼층천인 영원천국에 들어가서 궁극적으로 하나님을 영원한 만왕의 왕, 만주의 주로 받들어 섬기며 영원히 영생을 누리며 살아갈 수 있는 영적준비를 철저히 갖추게 하신다.

3. 마지막 세 번째 단계로 성부하나님은 먼 후일 3층천인 새 하늘과 새 땅인 영원한 천국의 만왕의 왕, 만주의 주가 되셔서 영원무궁토록 통치하고 다스리시며 이 땅에서 육신을 입고 사는 동안 예수님 믿고 구원받은 하나님의 택한 백성들로 하여금 영생복락을 누리게 하심으로 궁극적으로는 영원한 천국 건설의 위대하고도 장엄한 역사를 완성하게 될 것이다.

3. 영원한 천국의 만왕의 왕
→성부하나님

아멘! 할렐루야!

그러므로 이제껏 말씀드린 영원한 천국건설의 완성의 과정을 다시 한 번 요약해드리면 다음과 같다.

① 먼저 성령하나님께서 우리 혼속에 왕으로 들어오셔서 1층천인 심령천국을 사는 훈련을 통해서 장차 만왕의 왕으로 이 땅에 재림하셔서 건설하실 지상천년왕국에 들어가서 예수님을 왕으로 모시고 올바로 살아갈 수 있는 기초훈련을 쌓게 해 주신다.

② 그리고 다음 단계로 예수님께서 2층천인 천년왕국에 들어간 성도들로 하여금 예수님을 만왕의 왕으로 모시고 살아가는 훈련을 쌓게 하심으로 궁극적으로 장차 3층천인 영원한 천국 하늘나라에 들어가

서 하나님만을 만왕의 왕, 만주의 주로 모시고 그 하나님께 세세 무궁토록 감사와 찬양과 영광을 돌리며 살아갈 수 있는 모든 영적준비를 갖추도록 훈련해 주실 것이다.

〈※〉 성삼위하나님의 합동작전도표

결국 이와 같은 철저한 단계적인 훈련을 거쳐서 영원한 천국건설이 완성되어 질 것이다〈계 22:1-5절〉.

〈찬송가 291장〉 '날빛보다 더 밝은 천국'
① 날빛보다 더 밝은 천국 믿는 맘 가지고 가겠네. 믿는 자 위하여 있을 곳 우리 주 예비해 두셨네.
   후렴〉 며칠 후 며칠 후 요단 강 건너가 만나리(X2).

② 찬란한 주의 빛 있으니 거기는 어두움 없도다. 우
　리들 거기서 만날 때 기쁜 낮 서로가 대하리.
③ 이 세상 작별한 성도들 하늘에 올라가 만날 때 인
　간의 괴롬이 끝나고 이별의 눈물이 없겠네.
④ 광명한 하늘에 계신 주 우리도 모시고 살겠네. 성
　도들 즐거운 노래로 영광을 주 앞에 돌리리.

결 론

사랑하는 성도 여러분!

오늘 이 시간 공부한 삼층천의 비밀에 관한 말씀의
핵심내용을 다시 한 번 기억하자.

범죄 타락함으로 죄와 사망에 빠진 전 인류의 속죄
구원의 역사도, 또한 영원한 천국인 삼층 천국의 완성
의 역사도 궁극적으로 성부·성자·성령, 성삼위하나
님의 절묘한 릴레이식 합동작전을 통해서 비로서 온
전하게 완성될 수 있다는 깊고도 오묘한 영적진리를
올바로 깨닫고 감사드리기 바란다〈엡 1:3-14절〉.

아울러 오늘 이 시간 우리는 성삼위하나님 앞에 다음과 같은 신앙고백과 기도를 드리시기 바란다.

"주여! 나의 나 된 것은 전적으로 하나님의 은혜입니다! 오늘부터 이 땅에 소망두지 말고, 저 영원한 삼층천인 천국에만 소망 두고 살아가게 하옵소서!"

아멘!
할렐루야!!

삼층천의 비밀 ⑤

본문말씀

"무익하나마 내가 부득불 자랑하노니 주의 환상과 계시를 말하리라 내가 그리스도 안에 있는 한 사람을 아노니 그는 십사 년 전에 셋째 하늘에 이끌려 간 자라(그가 몸 안에 있었는지 몸 밖에 있었는지 나는 모르거니와 하나님은 아시느니라) 내가 이런 사람을 아노니(그가 몸 안에 있었는지 몸 밖에 있었는지 나는 모르거니와 하나님은 아시느니라) 그가 낙원으로 이끌려 가서 말로 표현할 수 없는 말을 들었으니 사람이 가히 이르지 못할 말이로다"(고후 12:1-4절).

서론

오늘의 본문말씀은 하나님의 종 사도 바울 자신이

영으로 직접 이끌려 올라가서 목격한 셋째 하늘인 삼층 천국에 관한 말씀이다.

우리는 이미 네 차례에 걸쳐서 영적세계에서 본 삼층천의 비밀에 관한 말씀을 특별 연속시리즈로 공부해 왔다.

오늘 이 시간에는 삼층천의 비밀 특별시리즈 그 다섯 번째 마지막 시간으로 이제까지 공부해온 '삼층천의 비밀'에 관한 말씀의 가장 중요한 핵심적인 내용을 다시 한 번 종합적으로 총 정리해보면서 피차 영적진리의 새로운 깨달음과 신령한 은혜를 받고자 한다.

I. 삼차원의 세계를 살아가고 있는 인생과 삼층천의 세계를 살아가고 있는 인생의 비교 분석

1. 삼차원의 세계를 살아가고 있는 인생

⟨1⟩ 일차원의 세계
→ 어머니 뱃속

⟨1⟩ 일차원의 세계 → 어머니 뱃속 세계⟨5장 6부⟩
체류기간은 평균10개월
⟨고전 15:8절→만삭⟩

〈2〉 이차원의 세계 → 현재 살고 있는 이 세상〈5
　　　　대양 6대주〉

　　　　　　　　체류기간은 평균70년
　　　　　　　　〈시 90:10절〉

〈3〉 삼차원의 세계 →"죽은 후에 들어갈 내세"
　　　〈천국과 지옥〉

　　　　　　　　체류기간은 영원무궁
　　　　　　　　〈고후 5:1절→영원한 집〉

〈2〉 이차원의 세계
→ 이 세상

〈3〉 삼차원의 세계
→ 천국과 지옥

　그렇다면 우리는 삼차원의 세계를 살아가고 있는
인생에 대해서 다음과 같은 2가지 질문과 해답을 얻
고 넘어가야 한다.

① 일차원의 세계인 어머니 뱃속 세계에서 무엇 때문
　에 평균 열 달 동안의 체류기간이 필요할까?
　이 질문에 대한 해답은 어머니 뱃속 세계에서 정상
적으로 발육이 되고 제대로 영양을 공급받고 자라다
가 이차원의 세계인 이 세상에 태어났을 때 잘 적응하
고 건강한 몸과 올바른 정서를 가지고 살아가기 위해
서는 기본적으로 열 달 정도의 어머니 뱃속에서의 준

비기간이 꼭 필요하기 때문이다.

② 이차원의 세계인 이 세상에서 무엇 때문에 평균 칠
   팔십 여년의 체류기간이 필요할까?

이 질문에 대한 해답 역시 마찬가지 원리가 적용된
다. 우리 인생은 이차원의 세계인 이 세상에서 약 칠
팔십 여년을 살아갈 동안 어떻게 삼차원의 세계인 내
세〈천국과 지옥〉를 믿음으로 준비하며 살았느냐? 여
하에 따라서 이 세상을 떠난 후〈죽은 후〉 천국에 들어
가 영생을 누리며 살아갈 수도 있고, 아니면 지옥에
들어가 영원한 유황불 형벌을 받으며 살아갈 수도 있
는 곧 영생과 영벌의 문제가 전적으로 좌우될 수 있기
때문이다〈내세 준비기간이 칠팔십년이 필요함〉. 그러
므로 우리 성도들은 이 세상에 살아가는 동안 현 세상
지향적인 삶을 살아가지 말고 오직 천국지향적인 삶
을 살아가야 하겠다.

2. 삼층천의 세계를 살아가고 있는 인생〈삼차원의 세계와 비교〉

〈1〉 일층천의 기간
→육신 생명 살아있는 동안

〈1〉 일층천 → 현재 마음속에 이루어진 심령천국

거주하는 기간은 육신 생명 살아있
는 동안〈히 9:27절〉

〈2〉 이층천 → 장차 들어갈 지상천년왕국천국
　　　　　거주하는 기간은 일천년 동안
　　　　　〈계 20:3절〉

〈2〉 이층천의 기간
→ 일천년 동안

〈3〉 삼층천 → 죽은 후에 들어갈 영원한 내
　　　　　세천국
　　　　　거주하는 기간은 영원무궁
　　　　　〈시 145:13절〉

〈3〉 삼층천의 기간
→ 영원무궁

　그렇다면 우리는 삼층천의 세계를 살아가고 있는
인생에 대해서 다음과 같은 2가지의 질문과 해답을
얻고 넘어가야 한다.

① 하나님께서 예수 믿고 구원받은 자들을 죽으면 바
　로 영원한 천국으로 들어가게 하시지 않고 무엇 때
　문에 일층천인 심령천국을 가정에서 연습하고 교
　회에서 훈련하고 사회에서 실천하며 살아가도록
　정해 놓으신 근본적인 이유가 무엇일까?
　그 이유는 일층천인 심령천국에서 살아생전 성령하

나님을 왕으로 모시고 한 평생 천국 사는 연습과 훈련 과정을 거치지 않은 사람은 2층천인 지상천년왕국에 들어가 예수님을 만왕의 왕으로 올바로 모시고 살아 가는 분봉 왕이 될 수 없기 때문이다.

② 하나님께서 2층천인 지상천년왕국에 들어간 성도 들로 하여금 무엇 때문에 자그만치 천년동안이나 예수님을 만왕의 왕으로 모시고 살아가는 천국 사 는 실습을 철저히 거치게 하시는 근본이유가 무엇 일까?

그 이유는 이층천인 천년왕국을 사는 동안 성도들 로 하여금 예수님을 만왕의 왕으로 모시고 올바로 섬 기며 살아가는 훈련과 실습과정을 정식으로 거치지 않으면 궁극적으로 장차 삼층천인 영원한 천국 하늘 나라에 들어가서 우주의 대왕이신 하나님만을 만왕의 왕, 만주의 주로 받들어 모시고 그 하나님께만 영세무 궁토록 감사와 찬양과 영광을 돌리며 살아갈 수가 없 기 때문이다.

성도 여러분! 그렇다면 오늘날 우리 성도들이 이와 같은 사실을 통해서 한 가지 꼭 깨닫고 넘어가야할 영적교훈이 무엇인가?

우리 하나님께서는 인생의 어천만사(於千萬事)를 다 연습과정을 거쳐서 실습에 들어가게 하시는 치밀하시고 공의로우신 질서의 하나님이시라는 사실이다.

"하나님께서는 무엇이나 연습을 통해 실습에 들어가게 하신다."

무엇이나 연습을 통해 실습에 들어 간다

〈※〉 성도 에녹의 생애를 통해서 배울 수 있는 영적 교훈?〈창 5:21-24절〉

"하나님께서 왜 300년 동안이나 성도 에녹과 이 땅 위에서 동행하셔야만 했는가?〈에녹의 생애에 대한 첫 번째 의문〉

하나님께서 에녹과 300년 동안이나 동행하신 이유에 대해서 부족한 종이 직접 성령하나님께 2가지 질문을 말씀드렸을 때 하나님께서 친히 다음과 같이 성령의 영감을 통해 명확하게 답변해 주셨다.

① 첫 번째 질문? "하나님께서 유독히 에녹과 동행하신 이유는 무엇입니까?"

하나님께서는 에녹을 누구보다도 사랑하셨기 때문이라고 말씀하셨다.

② 두 번째 질문? "하나님께서는 에녹을 그토록 사랑
  하셨다면 왜 하늘나라로 속히 데려가지 않으시고
  이 땅 위에 내려오셔서 300년 동안이나 동행하신
  이유는 무엇입니까?"

  하나님께서 "이 땅 위에서 천국 사는 훈련이 일정
기간 동안 끝나지 않은 자는 하나님의 영광스러운 보
좌가 있는 거룩한 성 새 예루살렘 천국에는 데려가고
싶어도 결코 데려갈 수가 없었기 때문이었다"라고 말
씀해 주셨다. 본인은 이상과 같은 하나님과의 영적 대
화와 확실한 응답을 받고 나서 성도 에녹은 말세 휴거
성도의 모형적인 인물이라는 점에서 휴거자의 기본
자격 문제에 대해서 많은 영적 교훈을 배울 수가 있었
다.

II. 현재 일층천인 심령천국을 항상 연습하고 훈련하고 실천하며 살았던 자와 그렇게 살지 못했던 자가 장차 받아 누릴 축복과 영광의 차이

장차 받아 누릴 축복과
영광의 차이

  1. 현재 이 땅 위에서 사는 동안 일상생활 속에서
일층천인 심령천국을 가정에서 연습하고 교회에서 훈

련하고 사회생활에서 실천하며 살았던 성도들이 장차 받아 누릴 축복은 박해시대 동안 순교의 영광스러운 제물이 되거나, 아니면 주님께서 공중강림하실 때 부활하거나 휴거해서 어린양의 공중혼인잔치에 그리스도의 신부의 자격으로 참석해서 주님과 함께 영광을 누리게 될 것이다.

아울러 이 땅 위에서 장차 7년 대 환난이 다 끝나고 주님께서 지상재림하실 때 함께 이 지상에 내려와서 천년동안 만왕의 왕 되신 주님을 보좌하는 분봉 왕 노릇하는 영광과 축복을 누리게 될 것이다〈계 19:7-8, 유다서 1:14-15, 계 20:4-6절〉.

그리고 이제 한 걸음 더 들어가서 이층천인 지상천년왕국에서 만왕의 왕이신 예수님을 보좌하는 분봉 왕 노릇하던 성도들은 이제 마지막으로 삼층천인 영원한 천국에 들어가서는 천국의 수도인 거룩한 성 새 예루살렘에 직접 들어가서 성삼위하나님의 햇빛 같은 얼굴을 항상 바라보며 영원무궁토록 살아가는 최대의 축복과 극치의 영광을 누리며 살아가게 될 것이다〈계 22:1-5절〉.

2. 현재 이 땅 위에서 사는 동안 예수 믿고 영이 거듭나서 일단 구원은 받았으나 아직 자아가 깨어지지 못하므로 마음속에 일층천인 심령천국을 이루지 못하고 천국 사는 연습도, 실습도 전혀 못하고 살았던 성도들은 먼저 이 땅 위에서도 천국 사는 행복과 기쁨과 평안은 전혀 맛보지 못하게 될 것이다.

그 뿐만 아니라 주님께서 공중강림하실 때 공중휴거에 참석하는 영광과 축복에도 전혀 참석하지 못하게 될 것이다. 아울러 7년 대 환난동안 무서운 재앙과 환난을 만나 불행한 죽음을 당하거나 아니면 이 땅 위에 끝까지 남겨져서 7년 대 환난의 고통을 다 겪을 뿐만 아니라 육체를 그대로 입고 천년왕국의 잔존민으로 들어가서 지상천년왕국의 일반 백성의 신분으로 만왕의 왕이신 주님과 또한 각 나라 분봉 왕이 된 성도들의 다스림과 통치를 받으며 살아가게 될 것이다 〈마 24:40-41, 마 25:10-12절〉.

그리고 이제 한 걸음 더 들어가서 2층천인 지상천년왕국에서 분봉 왕이 되는 영광스러운 축복의 반열에 동참하지 못했던 성도들은 3층천인 영원한 내세천국에 들어가서 역시 천국의 수도인 거룩한 성 새 예루살렘에는 전혀 들어가지 못하고 다만 예루살렘 성 밖인 천국의 일반지역에서만 살아가게 될 것이다〈단 12:1-2, 고전3:15, 고전15:41절〉.

〈※〉삼층천의 비밀 도표〈장래 축복과 영광의 차이〉

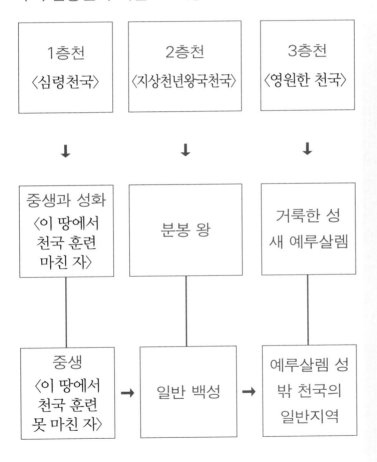

결론

사랑하는 성도 여러분!

그 동안 다섯 차례에 걸쳐 특별시리즈로 공부해 온 '삼층천의 비밀'에 관한 모든 내용을 총 정리하고 종합해 볼 때 결국 현재 이 땅 위에서 일층천인 심령천국을 가정에서 연습하고, 교회에서 훈련하고, 사회에서 실천하며 올바로 살았던 성도라야 장차 이층천인 지상천년왕국과 삼층천인 영원한 천국에 들어가서 최고의 축복과 영광을 누리게 된다는 사실을 새삼스럽게 발견하고 깨달아야 하겠다.

따라서 마지막으로 또 다시 한 번 강조해야할 중요한 원점적인 질문은 크게 세 가지로 집약해 볼 수 있다.

① 당신은 정말 하나님의 독생자 예수그리스도를 나의 영속에 나의 구주로 믿고 영접하므로 죄 사함 받고 거듭나서 하나님의 자녀로 살아가고 있는지요?

② 당신은 참으로 자아가 깨어지고 내 혼〈마음〉속에 예수그리스도를 나의 왕, 나의 주로 모셔 드리므로

일층천인 심령천국을 이루어 이 땅 위에서 살아생
전 매일 매일 천국을 맛보며 살아가고 있는지요?

③ 당신은 진정으로 일층천인 심령천국을 항상 가정
에서 연습하고 교회에서 훈련하고 사회에서 실천
하며 살아가고 있는지요?

끝으로 간절히 바라기는 이제껏 말씀 드린 세 가지
의 원점적인 질문 앞에서 우리 모두 하나 같이 아멘!
할렐루야로 대답할 수 있는 저와 여러분이 되시기를
주님의 이름으로 축원합니다.

아멘! 할렐루야!!

삼층천의 비밀

지은이	이상남
펴낸이	김민영
펴낸날	2011. 4. 15.
등록번호	제22−1453호
펴낸곳	도서출판 최선의 삶
	(우 137−876) 서울시 서초구 서초동 1589−5
	센츄리 오피스텔 511호
전　화	587−4737
팩　스	587−4733

＊ 책값은 표지에 있습니다.

I S B N	978−89−88657−37−9
총　판	(주)기독교출판유통
전　화	(031)906−9191

E · Mail: Malipres@hitel.net

최선의 삶은 독자의 의견에 항상 귀기울이고 있습니다.